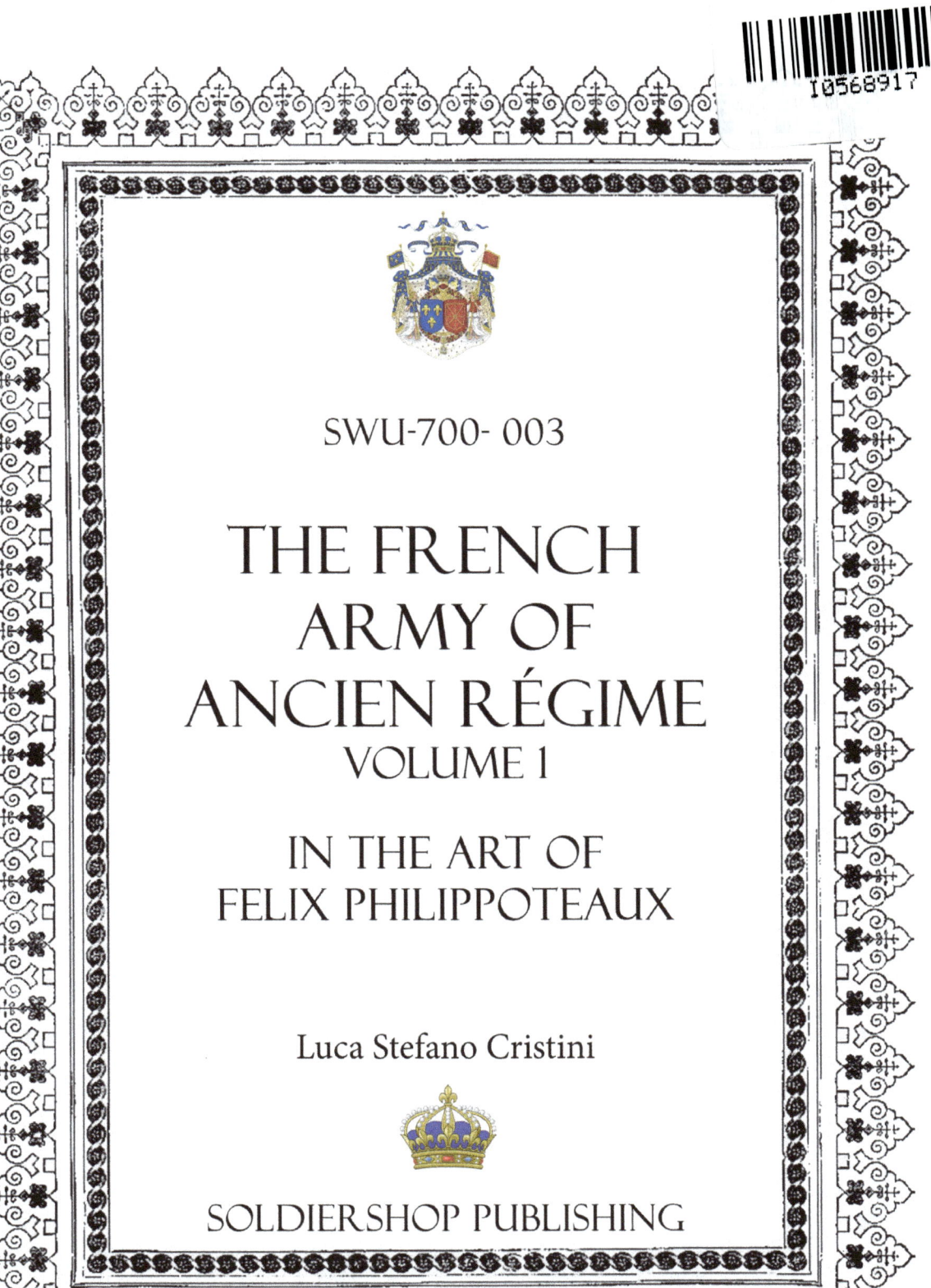

SWU-700- 003

THE FRENCH ARMY OF ANCIEN RÉGIME
VOLUME 1

IN THE ART OF FELIX PHILIPPOTEAUX

Luca Stefano Cristini

SOLDIERSHOP PUBLISHING

AUTHOR

Henri Félix Emmanuel Philippoteaux (1815-1884) was a French artist. He was born in Paris, France, studied art at the studio of Leon Cogniet, and first exhibited his work at the Paris Salon of 1833. One of his most well-known works was a depiction of the Siege of Paris during the Franco-Prussian War, painted in the form of a cyclorama.

Title: The French army of ancien Régime VOL. 1- In the art of Felix Philippoteaux
By Luca Stefano Cristini. Plates of F. Philippoteaux. First edition September 2016 by Soldiershop. Cover & Art Design: Luca S. Cristini. ISBN code: 978-88-93271196

Published by Soldiershop publishing, via Padre Davide, 7 - 24050 Zanica (BG) ITALY. www.soldiershop.com

THE FRENCH ARMY
OF ANCIEN RÉGIME
VOLUME 1

*

IN THE ART OF
FELIX PHILIPPOTEAUX

HISTORICAL ILLUSTRATIONS OF THE CLOTHING AND ARMS OF THE FRENCH ARMY BY FELIX PHILIPPOTEAUX

Henri Félix Emmanuel Philippoteaux (1815-1884) was a French artist. He was born in Paris, France, studied art at the studio of Leon Cogniet, and first exhibited his work at the Paris Salon of 1833. One of his most well-known works was a depiction of the Siege of Paris during the Franco-Prussian War, painted in the form of a cyclorama, a type of large panoramic painting on the inside of a cylindrical platform designed to provide a viewer standing in the middle of the cylinder with a 360° view of the painting.

Viewers surrounded by the panoramic image are meant to feel as if they are standing in the midst of a historic event or famous place.

Philippoteaux also produced a large number of works chronicling the rise and successes of Napoleon Bonaparte, including a portrait of Napoleon in his regimental uniform and a group of paintings of French victories in the Napoleonic Wars. Philippoteaux was awarded the Légion d'honneur in 1846.

Philippoteaux's son Paul Philippoteaux was also an artist; both were famous for their production of cycloramas. Father and son collaborated on The Defence of the Fort d'Issy in 1871. They also collaborated on a cyclorama of the Battle of Gettysburg that became a celebrated work in the United States: *"One cyclorama, however, halted the slide in popularity, and almost single-handedly revived the public's interest in the medium for another decade...this singular creation was initially painted in 1882-83 by Henry F. Philippoteaux and Paul Philippoteaux, a father and son team of French artists...within a year, half a million people had stood before it."*

Father and son enhanced the artistic effect of their cylindrical painting by adding a third dimension, including elements of diorama placed in front of the painting, and by incorporating sections of walls and battlefield objects that blended into the painted parts of the presentation. He died in 1884 and his obituary in the New York Times appeared on November 10, 1884.

This book, utilize several plates of an our copy of the book *"Atlas de l'Histoire de l'ancienne infanterie française"* Paris, J. Corréard, 1853. All the images has been restored by human beings, page by page, so that you may enjoy it in a form as close to the original as possible. Our work it is realized on two volume.

◀ *A gentleman of Ancien Régime, late XVII century.*

CONTENTS

*

Preface pag. 5

*

The Ancien Régime pag. 7

L'esercito dell'Ancien Régime (Italian text) pag. 14

*

PLATES pag.21

THE ANCIEN RÉGIME

The Ancien Régime (Old Regime or Former Regime) was the monarchic, aristocratic, social and political system established in the Kingdom of France from approximately the 15th century until the latter part of the 18th century under the late Valois and Bourbon dynasties. The term is occasionally used to refer to the similar feudal social and political order of the time elsewhere in Europe. The administrative and social structures of the Ancien Régime were the result of years of state-building, legislative acts (like the Ordinance of Villers-Cotterêts), internal conflicts and civil wars, but they remained a patchwork of local privilege and historic differences until the French Revolution ended the system. Much of the medieval political centralization of France had been lost in the Hundred Years' War, and the Valois Dynasty's attempts at re-establishing control over the scattered political centres of the country were hindered by the Wars of Religion. Much of the reigns of Henry IV, Louis XIII and the early years of Louis XIV were focused on administrative centralisation. Despite, however, the notion of *"absolute monarchy"* (typified by the king's right to issue lettres de cachet) and the efforts by the kings to create a centralized state, Ancien Régime France remained a country of systemic irregularities: administrative (including taxation), legal, judicial, and ecclesiastic divisions and prerogatives frequently overlapped, while the French nobility struggled to maintain their own rights in the matters of local government and justice, and powerful internal conflicts (like the Fronde) protested against this centralization. The need for centralization in this period was directly linked to the question of royal finances and the ability to wage war. The internal conflicts and dynastic crises of the 16th and 17th centuries (the Wars of Religion, the conflict with the Habsburgs) and the territorial expansion of France in the 17th century demanded great sums which needed to be raised through taxes, such as the taille and the gabelle and by contributions of men and service from the nobility. One key to this centralization was the replacing of personal *"clientele"* systems organized around the king and other nobles by institutional systems around the state. The creation of the Intendants—representatives of royal power in the provinces—did much to undermine local control by regional nobles. The same was true of the greater reliance shown by the royal court on the "noblesse de robe" as judges and royal counselors. The creation of regional parlements had initially the same goal of facilitating the introduction of royal power into newly assimilated territories, but as the parlements gained in self-assurance, they began to be sources of disunity.

France in the 17th and 18th centuries

France's pacification under Henry IV laid much of the ground for the beginnings of France's rise to European hegemony. One of the most admired French kings, Henry was fatally stabbed by a Catholic fanatic in 1610 as war with Spain threatened. Troubles gradually developed during the regency headed by his queen Marie de Medici. France was expansive during all but the end of the 17th century: the French began trading in India and Madagascar, founded Quebec and penetrated the North American Great Lakes and Mississippi, established plantation economies in the West Indies and extended their trade contacts in the Levant and enlarged their merchant marine. Henry IV's son Louis XIII and his minister (1624–1642) Cardinal Richelieu, elaborated a policy against Spain and the German emperor during the Thirty Years' War (1618–1648) which had broken out among the lands of Germany's Holy Roman Empire. An English-backed Huguenot rebellion (1625–1628) defeated, France intervened directly (1635) in the wider European conflict following her ally (Protestant) Sweden's failure to build upon initial success. After the death of both king and cardinal, the Peace of Westphalia (1648) secured universal acceptance of Germany's political and religious fragmentation, but the Regency of Anne of Austria and her minister Cardinal Mazarin experienced a civil uprising known as the Fronde (1648–1653) which expanded into a Franco-Spanish War (1653–1659). The Treaty of the Pyrenees (1659) formalised France's seizure (1642) of the Spanish territory of Roussillon after the crushing of the ephemeral Catalan Republic and ushered a short period of peace. For most of the reign of Louis XIV (1643–1715), France was the dominant power in Europe, aided by the diplomacy of Richelieu's successor (1642–1661) Cardinal Mazarin and the economic policies (1661–1683) of Colbert. Colbert's attempts to promote economic growth and the creation of new industries were not a great success, and France did not undergo any sort of industrial revolution during Louis XIV's reign. Indeed, much of the French countryside during this period remained poor and overpopulated. The resistance of peasants to adopt the potato and other new agricultural innovations while continuing to rely on cereal crops led to repeated catastrophic famines long after they had ceased in the rest of Western Europe. Prior to Louis XIV's reign, French soldiers frequently went into battle barefoot and with no weapons. On the other hand, France's high birthrate until the 18th century proved beneficial to its rulers since it meant the country could field larger armies than its neighbors. In fact, the king's foreign policy, as well as his lavish court and construction projects, left the country in enormous debt. The Palace of Versailles was criticized as overly extravagant even while it was still under construction, but dozens of imitations were built across Europe. Renewed war (the War of Devolution 1667-1668 and the Franco-Dutch War 1672-1678) brought further territorial gains (Artois and western Flanders and the free county of Burgundy, left to the Empire in 1482), but at the cost of the increasingly concerted opposition of rival powers.

French culture was part of French hegemony. In the early part of the century French painters had to go to Rome to shed their provinciality (Nicolas Poussin, Claude Lorrain), but Simon Vouet brought home the taste for a classicized baroque that would characterise the French Baroque, epitomised in the Académie de peinture et de sculpture, in the painting of Charles Le Brun and the sculpture of François Girardon. With the Palais du Luxembourg, the Château de Maisons and Vaux-le-Vicomte, French classical architecture was admired abroad even before the creation of Versailles or Perrault's Louvre colonnade. Parisian salon culture set standards of discriminating taste from the 1630s, and with Pascal, Descartes, Bayle, Corneille, Racine and Molière, France became the cultural center of Europe. In an effort to prevent the nobility from revolting and challenging his authority, Louis implemented an extremely elaborate system of court etiquette with the idea that learning it would occupy most of the nobles' time and they could not plan rebellion. By the start of the 18th century, the nobility in France had been effectively neutered and would never again have more power than the crown. Also, Louis willingly granted titles of nobility to those who had performed distinguished service to the state so that it did not become a closed caste and it was possible for commoners to rise through the social ranks. The king sought to impose total religious uniformity on the country, repealing the Edict of Nantes in 1685. The infamous practice of dragonnades was adopted, whereby rough soldiers were quartered in the homes of Protestant families and allowed to have their way with them. Scores of Protestants fled France, costing the country a great many intellectuals, artisans, and other valuable people. Persecution extended to unorthodox Catholics like the Jansenists, a group that denied free will and had already been condemned by the popes. Louis was no theologian and understood little of the complex doctrines of Jansenism, satisfying himself with the fact that they threatened the unity of the state. In this, he garnered the friendship of the papacy, which had previously been hostile to France because of its policy of putting all church property in the country under the jurisdiction of the state rather than of Rome. Cardinal Mazarin oversaw the creation of a French navy that rivaled England's, expanding it from 25 ships to almost 200. The size of the army was also considerably increased.

Starting in the 1670s, Louis XIV established the so-called Chambers of Reunion, courts in which judges would determine whether certain Habsburg territories belonged rightfully to France. The king was relying on the somewhat vague wording in the Treaty of Westphalia, while also dredging up older French claims, some dating back to medieval times. Through this, he concluded that the strategically important imperial city of Strassburg should have gone to France in 1648. In September 1681, French troops occupied the city, which was at once strongly fortified. As the imperial armies were then busy fighting the Ottoman Empire, they could not do anything about this for a number of years. The basic aim of Louis' foreign policy was to give France more easily defensible borders, and to eliminate weak spots (Strassburg had often been used by the Habsburgs as a gateway into France). Following the Whig establishment on the English and Scottish thrones by the Dutch prince William of Orange in 1688, the anti-French *"Grand Alliance"* of 1689 was established. With the Turks now in retreat, the emperor Leopold could turn his attention to France. The ensuing War of the Grand Alliance lasted from 1688-1697. France's resources were stretched to the breaking point by the cost of fielding an army of over 300,000 men and two naval squadrons. Famine in 1692-1693 killed up to two million people. The exhaustion of the powers brought the fighting to an end in 1697, by which time the French were in control of the Spanish Netherlands and Catalonia. However, Louis gave back his conquests and gained only Haiti. The French people, feeling that their sacrifices in the war had been for nothing, never forgave him. In November 1700, the inbred, mentally retarded, and enfeebled Spanish king Charles II died, ending the Habsburg line in that country. Louis had long waited for this moment, and now planned to put a Bourbon relative, Philip, Duke of Anjou, on the throne. Essentially, Spain was to become an obedient satellite of France, ruled by a king who would carry out orders from Versailles. Realizing how this would upset the balance of power, the other European rulers were outraged. However, most of the alternatives were equally undesirable. For example, putting another Habsburg on the throne would end up recreating the empire of Charles V, which would also grossly upset the power balance. After nine years of exhausting war, the last thing Louis wanted was another conflict. However, the rest of Europe would not stand for his ambitions in Spain, and so the War of the Spanish Succession began, a mere three years after the War of the Grand Alliance. The disasters of the war (accompanied by another famine) were so great that France was on the verge of collapse by 1709. In desperation, the king appealed to the French people to save their country, and in doing so gained thousands of new army recruits. Afterwards, his general Marshal Villars managed to drive back the allied forces. In 1714, the war ended with the treaties of Utrecht and Rastadt. France did not lose any territory, and there was no discussion of returning Flanders or Alsace to the Habsburgs. While the Duke of Anjou was accepted as King Philip V of Spain, this was done under the condition that the French and Spanish thrones never be united. Finally, France agreed to stop supporting Jacobite pretenders to the English throne. Just after the war ended, Louis died, having ruled France for 72 years. While often considered a tyrant and a warmonger (especially in England), Louis XIV was not in any way a despot in the 20th century sense. The traditional customs and institutions of France limited his power and in any case, communications were poor and no national police force existed. Overall, the discontent and revolts of 16th and 17th century France did not approach the conditions that led to 1789. Events such as the Frondes were a naïve, unrevolutionary discontent and the people did not challenge the right of

▲ *French nobleman and woam in baroque style dress late XVIII century.*

the king to govern nor did they question the Church. The reign (1715–1774) of Louis XV saw an initial return to peace and prosperity under the regency (1715–1723) of Philip II, Duke of Orléans, whose policies were largely continued (1726–1743) by Cardinal Fleury, prime minister in all but name. The exhaustion of Europe after two major wars resulted in a long period of peace, only interrupted by minor conflicts like the War of the Polish Succession from 1733-1735. Large-scale warfare resumed with the War of the Austrian Succession (1740–1748). But alliance with the traditional Habsburg enemy (the "Diplomatic Revolution" of 1756) against the rising power of Britain and Prussia led to costly failure in the Seven Years' War (1756–1763) and the loss of France's North American colonies. On the whole, the 18th century saw growing discontent with the monarchy and the established order. Louis XV was a highly unpopular king for his sexual excesses, overall weakness, and for losing Canada to the British. A strong ruler like Louis XIV could enhance the position of the monarchy, while Louis XV weakened it. The writings of the philosophers such as Voltaire were a clear sign of discontent, but the king chose to ignore them. He died of smallpox in 1774, and the French people shed few tears at his passing. While France had not yet experienced the industrial

▲ *French soldiers 1690 about.*

revolution that was beginning in England, the rising middle class of the cities felt increasingly frustrated with a system and rulers that seemed silly, frivolous, aloof, and antiquated, even if true feudalism no longer existed in France. Anti-establishment ideas fermented in 18th century France in part due to the country's relative egalitarianism. While less liberal than England during the same period, the French monarchy never approached the absolutism of the eastern rulers in Vienna, Berlin, St. Petersburg, and Constantinople in part because the country's traditional development as a decentralized, feudal society acted as a restraint on the power of the king. Different social classes in France each had their own unique set of privileges so that no one class could completely dominate the others. Upon Louis XV's death, his grandson Louis XVI became king. Initially popular, he too came to be widely detested by the 1780s. Again a weak ruler, he was married to an Austrian archduchess, Marie Antoinette, whose naïvety and cloistered/alienated Versailles life permitted ignorance of the true extravagance and wasteful use of borrowed money (however, it should be noted that Marie Antoinette was significantly more frugal than her predecessors). French intervention in the US War of Independence was also very expensive. With the country deeply in debt, Louis XVI permitted the radical reforms of Turgot and Malesherbes, but noble disaffection led to Turgot's dismissal and Malesherbes' resignation in 1776. They were replaced by Jacques Necker. Necker had resigned in 1781 to be replaced by Calonne and Brienne, before being restored in 1788. A harsh winter that year led to widespread food shortages, and by then France was a powder keg ready to explode. On the eve of the French Revolution of 1789, France was in a profound institutional and financial crisis, but the ideas of the Enlightenment had begun to permeate the educated classes of society. On 1792 September 21 the French monarchy was effectively abolished by the proclamation of the French First Republic.

France in the Ancien Régime covered a territory of around 200,000 square miles (520,000 km2), and supported 22 million people in 1700. At least 96% of the population were peasants. France had the largest population in Europe, with European Russia second at 20 million. Britain had nearly six million, Spain had eight million, and the Austrian Habsburgs had around eight million. Russia was the most populated European country at the time. France's lead slowly faded after 1700, as other countries grew faster.

MONARCHS

After Charles VIII the Affable, the last king in the direct Valois line, three other branches of the House of Capet reigned in France until the fall of the Ancien Régime in 1792:

House of Bourbon (1589–1792)
- Henry IV
- the Regency of Marie de Medici
- Louis XIII and his minister Cardinal Richelieu
- the Regency of Anne of Austria and her minister Cardinal Mazarin
- Louis XIV
- the Régence of Philip II of Orleans
- Louis XV
- Louis XVI

The French Army of Ancien Regime

The French Royal Army (French: Armée royale française) served the Bourbon kings beginning with Louis XIV and ending with Charles X with an interlude from 1792 until 1814, during the French Revolution and the reign of the Emperor Napoleon I. After a second, brief interlude when Napoleon returned from exile in 1815, the Royal Army was reinstated. Its service to the direct Bourbon line was finished when Charles X was overthrown in 1830 by the July Revolution.

Army of Louis XIV

Under Louis XIV, the French Royal Army is considered to have been one of the most powerful in the world. When Louis' father, Louis XIII, died, Anne of Austria, the queen, became regent. She and her chief minister, Cardinal Mazarin, ordered the arrest of legislative opponents, causing the enmity of many nobles and common citizens. When the bloody Thirty Years' War, in which France had sided with Protestant-governed countries against other Catholic nations in Europe, concluded, the Fronde civil war broke out and Mazarin was forced to flee. When Louis XIV came of age in 1652, the Fronde ended and Mazarin was permitted to return and appointed chief minister for a second time. The leader of the anti-Mazarin faction, the Prince de Condé, escaped to Spain, which soon went to war against France and its new ally, England, under the rule of Oliver Cromwell. Under the command of Marshal Turenne, the Anglo-French army decisively defeated the Spanish in Flanders, part of which was a province of Spain. In 1667, Louis married the Spanish princess Marie-Thérèse. He claimed the Spanish Netherlands as her dowry, starting another conflict with Spain known as the War of Devolution. Turenne and Conde, who had been pardoned and allowed to return to France, commanded the French army. Their forces seized much of the Spanish Netherlands but, pressured by England, Holland and Sweden, Louis was forced to return the conquered territory, with the exception of some fortified towns. From 1672 until 1678, France was embroiled in the Franco-Dutch War, again aided by England, now under the rule of King Charles II. The war did not go well for France, and England did not pursue the war after 1674. The war ended favorably for the Dutch, although France gained much of Franche-Comté. The famed engineer Vauban designed his intricate fortifications during Louis XIV's reign. Vauban, a genius at siege warfare, oversaw the building or improvement of many fortresses in Flanders and elsewhere. In 1688, the Catholic king of England, James II, was overthrown and William of Orange, a Dutch prince and old enemy of Louis, was installed as the next king. James fled to France, which he used as his base for an invasion of Ireland in 1690. As a result of James' ouster and, more directly, a French invasion of a German palatinate, the Nine Years' War broke out in 1689 between France and minor European states on one side and the League of Augsburg, including England, the Holy Roman Empire, and the Dutch Republic on the other. The war ended with no major territorial gains or losses for either side, and the two alliances were at war again by 1701. The British, under the Duke of Marlborough, aided by Imperial troops under Prince Eugene of Savoy, inflicted major defeats on French troops at Blenheim, Ramillies, and Oudenarde. In Spain (the succession to that nation's throne was the war's cause), Spanish forces allied to the French lost Gibraltar. However, after the bloody Battle of Malplaquet in 1709, Marlborough's reputation was tarnished and, after gossip at the English (now British, after the union of England and Scotland) court, he was relieved from command. The war ground to a stalemate and ended in a treaty that favored the French in 1714.

Army of Louis XV

Louis XV, the great-grandson of Louis XIV, was the only direct heir alive when the elderly king died in 1715. His reign was much more peaceful than his great-grandfather's, although three major wars occurred. First was the War of the Polish Succession of 1733. The second, the War of the Austrian Succession, began when Maria Theresa was crowned Holy Roman Empress in 1740. Her father had appointed her as his heir, and other European countries agreed to respect his wishes. However, the new Prussian king, Frederick II, ignored the agreement, known as the Pragmatic Sanction, and annexed portions of the Empire. Britain allied itself with Maria Theresa, while Louis XV forged an alliance with Frederick. Louis provided military support in the form of detachments from France's Irish Brigade, in support of Charles Edward Stuart during the Jacobite uprising of 1745. The Pragmatic Allies defeated the French in the Battle of Dettingen in 1741, while the French won at Fontenoy in 1745. The situation after the war was almost the same as before, but it set the stage for the Seven Years' War, which officially began in 1756, when Prussia and Austria again went to war. This time, however, France and Austria were allied and Britain and Prussia formed an alliance. French forces were defeated at the Battle of Rossbach in 1757. At the same time as the fighting in Europe, raiding parties composed of French-Canadian militiamen and Indians attacked English settlements in North America. This war, known as the French and Indian War, was the last of four wars that occurred in North America at the same time as a European conflict. However, by 1759, the British had gone onto the offensive in America and captured Quebec, the French colonial capital.

Fighting also occurred on the Indian subcontinent during Louis XV's reign. During the War of the Austrian Succession, French troops captured several settlements in India, but its allies were defeated by British troops in 1756. On the whole, the Seven Years' War went badly for the French, who were forced to sign an unfavorable treaty in 1763.

Collapse of the royal army

When Britain's North American colonies rebelled in 1775, France initially offered limited support. However, after the decisive American victory in the Battle of Saratoga, Louis XVI of France authorized an expeditionary force under the Count de Rochambeau to sail to America and aid the revolutionaries. The expeditionary force participated in the Battle of Yorktown in 1781, which resulted in the colonies' independence. By the 1780s, the political balance in France had shifted. The aristocracy had become despised by many lower-and-middle-class citizens who faced famine in the winter of 1788/89 and almost no political freedom. Many French soldiers sympathized with the masses, and increasing numbers deserted during 1789. The bulk of the rank and file of the Gardes Françaises: the largest regiment of the maison militaire du roi de France and the permanent garrison of Paris, refused to obey their officers at a crucial point in the early stages of the Revolution. Some Gardes melted into a mob of angry Frenchmen on July 14, 1789 and participated in the storming of the Bastille, the medieval fortress-prison thought of as a symbol of governmental repression. King Louis' powers were regulated by the National Assembly, which also authorized the creation of the National Guard, which was intended to be used as a counterweight to the royal army. The regular army was weakened by the flight of many aristocratic officers. Faced with the creation of soldiers' clubs (Jacobin committees), erosion of discipline, loss of their privileges as nobles and political mistrust, perhaps two thirds of the commissioned ranks emigrated after June 1791. They were largely replaced by experienced non-commissioned officers who had previously had virtually no chance of advancement to officer rank. In July 1791 the 12 foreign regiments of mostly German mercenaries were amalgamated into the line, followed by the disbanding of the Swiss regiments a year later. The reorganization of the army took place in 1791 and 1792. New officers were elected and the structure of the army was changed. Battalions of volunteers were authorized and subsequently merged with surviving units of the former royal army, to form amalgamated demi-brigades. This force underwent its first test during the Battle of Valmy in 1792, when an Austro-Prussian army invaded to restore the King's full powers. By now, the army was considered to be loyal to the First Republic, not to the king.

First Bourbon restoration

Louis XVI was guillotined, as were many other aristocrats, in 1793. By 1800, the First Republic, at war with much of Europe, had adopted a weak form of government that was overthrown by General Napoleon Bonaparte, who later proclaimed himself Emperor of the French. When British, Russian, Prussian, and Austrian armies invaded France in 1814, Napoleon, whose empire had once extended all the way to Moscow abdicated. The dead king's brother, the Count of Provence, was declared King Louis XVIII. Under Louis XVIII, no major changes were made to the army. However, when Napoleon returned from exile in 1815, the army, for the most part, went over to his side, and Louis fled.

Second Bourbon restoration; July Revolution

Napoleon was defeated by a combined Allied army in 1815 at Waterloo, and Louis XVIII was returned to the throne. His government appointed many aristocratic officers to the army, which lost much of its morale, much as it had in 1789. In 1823, a French expeditionary force aided Spanish troops loyal to the Bourbon king of that country when his regime was threatened by an uprising. In 1830, Louis XVIII's brother, Charles X, now king, was toppled in the July Revolution. The army participated in little fighting, and the king's cousin, the Duke of Orléans was installed as Louis-Philippe I in what was supposed to be a constitutional monarchy. The army transferred its allegiance to Louis-Philippe's Orléans Dynasty until his overthrow in 1848, when the short-lived Second Republic was established.

Wars participated in

- Anglo-Spanish War (1654–1660)
- War of Devolution (1667–1668)
- Franco-Dutch War (1672–1678)
- Nine Years' War (1689–1697)
- War of the Spanish Succession (1701–1714)
- War of the Polish Succession (1733–1738)
- War of the Austrian Succession (1740–1748)
- Seven Years' War (1756–1763)
- American Revolutionary War (participated 1779–1783)
- French Revolution (as Royal Army from 1789–1792)

Major battles Anglo-Spanish War
- Battle of the Dunes (1658)

Franco-Dutch War
- Battle of Saint-Denis (1678)

Nine Years' War
- Siege of Namur (1692)
- Battle of Steenkerque (1692)
- Siege of Namur (1695)

War of the Spanish Succession
- Battle of Luzzara (1702)
- Battle of Blenheim (1704)
- Battle of Ramillies (1706)
- Battle of Oudenarde (1708)
- Battle of Malplaquet (1708)

War of the Polish Succession
- Siege of Danzig (1734)
- Battle of Guastalla (1734)

War of the Austrian Succession
- Battle of Dettingen (1740)
- Battle of Fontenoy (1745)

Seven Years' War/French and Indian War
- Battle of the Monongahela (1756)
- Battle of Ticonderoga (1758)
- Battle of Minden (1759)
- Battle of Quebec (1759)

American Revolutionary War
- Siege of Yorktown (1781)

French Revolution/French Revolutionary Wars
- Battle of Valmy (1792) during transition to Army of the First Republic

L'ESERCITO DELL' ANCIEN RÉGIME

LE GUERRE DEI TRE LUIGI NEL XVIII SECOLO

La Guerra di Successione spagnola 1701-1714 (Luigi XIV)

Dopo la Pace di Rickswick, l'argomento politico dominante in Europa fu la successione al trono spagnolo, dal momento che il debole Re spagnolo Carlo II , ultimo della dinastia Asburgo, era morto senza lasciare eredi. L'eredità spagnola era una delle più ricche del suo tempo, dal momento che comprendeva non solo il Regno di Spagna, ma anche il Regno di Napoli, il Regno di Sicilia, il Ducato di Milano, i Paesi Bassi Spagnoli ed il vastissimo impero coloniale spagnolo che si estendeva in quasi tutti gli altri continenti del mondo.

Francia ed Austria si trovarono contrapposte per la successione al trono. Il pretendente proposto dalla Francia fu il Duca d'Angiò, pronipote della figlia maggiore di Filippo III di Spagna, Anna d'Austria, e nipote della figlia maggiore di Filippo IV di Spagna, Maria Teresa, moglie di Luigi XIV che prese poi il nome di Filippo V, Re di Spagna primo della nuova dinastia Borbone. Carlo, Arciduca d'Austria, figlio minore dell'Imperatore Leopoldo I del Sacro Romano Impero, era il pretendente invece proposto dalla casa imperiale austriaca dal momento che sua nonna materna, Maria Anna di Spagna, era stata una delle figlie del Re di Spagna.

Vi fu poi anche un terzo pretendente nella figura del principe bavarese Giuseppe Ferdinando di Baviera, imparentato con entrambe le casate. Purtroppo il giovane principe bavarese morì di morbillo sei mesi dopo la sua candidatura lasciando a contendersi i due citati. La diplomazia e la politica del re sole riuscirono a premere sulla corte di Madrid e a far prevalere la linea francese. Quando Carlo II morì il 1 novembre 1700, Filippo, duca d'Angiò, venne quindi proclamato Re di Spagna col nome di Filippo V.

Tuttavia come conseguenza, a seguito dell'infelice politica estera del nuovo re di Spagna e di quella di Luigi XIV che appoggiò persino la rivolta degli Stuart, si formò un'ulteriore Grande Alleanza che comprese l'Inghilterra, le Province Unite, il Sacro Romano Impero e molti altri stati minori della Germania. La diplomazia francese, dal canto suo, si assicurò l'alleanza di Baviera, Portogallo, Savoia e ovviamente la Spagna di Filippo V.

Le campagne militari

La Guerra di Successione spagnola iniziò con la discesa degli imperiali in Italia prima ancora che la guerra fosse ufficialmente dichiarata. La Francia riportò molte iniziali vittorie, minacciando di prendere possesso di Vienna, ma le vittorie del Duca di Marlborough e del principe Eugenio di Savoia, i due migliori generali del periodo, mostrarono che ormai l'invincibile macchina da guerra francese noe era più tale.

Vennero quindi i giorni gloriosi della Grande Alleanza che culminarono nella battaglia di Blenheim, che provocò la resa e l'uscita di scena della Baviera che venne smembrata tra Palatinato ed Austria. Altra conseguenza della battaglia di Blenheim fu il cambio di alleanze di Portogallo e Savoia che passarono con l'Impero. Con la Battaglia di Ramillies e con quella di Oudenarde, le forze franco-spagnole vennero scacciate dai Paesi Bassi spagnoli, mentre con la Battaglia di Torino, Luigi XIV venne costretto anche a ritirare le ultime truppe rimastegli in Italia.

La posizione della Francia si fece davvero difficile, tuttavia re Filippo V resistette in Spagna ottenendo alcune vittorie nelle battaglie di Almansa, di Villaviciosa e quella di Brihuega, il che contribuì a portare le forze alleate fuori dai confini spagnoli. Successivamente nella Battaglia di Malplaquet del 1709 la Francia riuscì a reagire riportando una grande vittoria. nella successiva battaglia di Denain del 1712 vinta da Luigi XIV la Francia riottenne anche gran parte dell'onore e dei territori perduti in precedenza.

La morte dell'Imperatore Giuseppe I del Sacro Romano Impero, succeduto al padre Leopoldo I nel 1705, portò al trono il pretendente austriaco arciduca Carlo col nome di Carlo VI del Sacro Romano Impero togliendolo così di fatto dalla corsa al trono di Madrid.

L'avvio delle trattative di pace

Luigi XIV e Filippo V, firmarono nel 1713 con il famoso Trattato di Utrecht una pace con Inghilterra e Province Unite. La pace con il Sacro Romano Impero venne siglata nel Trattato di Rastadt ed in quello di Baden del 1714. Secondo quando espresso nei documenti firmai, Luigi XIV avrebbe ottenuto Landau e Friburgo come indennità di guerra, permettendogli di negoziare da una migliore posizione.

▲ *French soldiers 1690 about.*

Filippo V venne riconosciuto re di Spagna e delle colone, mentre i territori dei Paesi Bassi spagnoli e dell'Italia vennero ripartiti tra Austria e Savoia, mentre Gibilterra e Minorca passarono alla Gran Bretagna.

Come ultimo atto, l'Elettorato di Baviera venne restaurato e Massimiliano II Emanuele venne richiamato sul trono.

La morte del "Re Sole"

Luigi XIV fece giusto in tempo a concludere questa guerra, morì infatti a Versailles il 1 settembre 1715 di cancrena, pochi giorni prima del suo settantasettesimo compleanno. Gran parte dei figli di Luigi XIV erano morti durante la giovane età e l'unico erede che era rimasto era il giovane nipote Luigi duca d'Angiò che venne incoronato alla sola età di cinque anni col nome di Luigi XV.

Il suo corpo riposa oggi come allora nella Basilica di Saint Denis a Parigi. Egli regnò per 72 anni, il regno più lungo della storia d'Europa.

Luigi XV 1710-1774

Il futuro Luigi XV nacque nel Castello di Versailles il 15 febbraio 1710, sotto il regno del bisnonno Luigi XIV. Era il secondogenito di Luigi, duca di Borgogna e di Maria Adelaide di Savoia, sorella del Re Carlo Emanuele III. Divenuto re alla tenera età di cinque anni si instaurò una reggenza che doveva durare sino alla maggiore età del nuovo re, Filippo II d'Orléans, figlio del fratello minore del sovrano avrebbe esercitato la reggenza, ma sarebbe sempre stato affiancato da un Consiglio di Reggenza composto da quattordici membri.

Per quanto riguarda la politica estera di quegli anni, il reggente Filippo nel 1717 strinse un'alleanza, che prese il nome di Triplice Alleanza, con la Gran Bretagna di Giorgio I e con i Paesi Bassi contro la politica di aggressiva espansione promossa da Filippo V di Spagna, che non aveva ancora abbandonato il progetto di un grande regno che unisse Parigi e Madrid. Nel 1721 il re di Spagna Filippo V, zio del giovane re propose in sposa al nipote sua figlia Maria Anna Vittoria, infanta di Spagna. Ma l'ipotesi di un fidanzamento fra i due bambini (lei tre anni lui 11 !!) fu fortemente rifiutata, l'infanta venne subito rinviata a Madrid: Filippo V si infuriò poiché vide in questo modo sfumare la possibilità di unire finalmente le due corone, secondo un sogno curato da una vita. Nel 1722 la corte tornò ufficialmente a stabilirsi a Versailles, da dove non si sarebbe più mossa. Il re aveva nel frattempo raggiunto la maggiore età e si preparava ad essere incoronato: il 25 ottobre 1722 la cerimonia solenne ebbe luogo nella cattedrale di Reims e un anno dopo, nel 1723, il Consiglio di Reggenza venne sciolto e il giovane sovrano fu riconosciuto ufficialmente come re di Francia con il nome di Luigi XV. Pochi mesi dopo moriva il reggente Filippo II d'Orleans.

La guerra di Successione polacca 1733-1739

Sul piano internazionale, la Francia di Luigi XV tentò di mantenere un clima di distensione e di equilibrio, stipulando trattati di pace con la Gran Bretagna e stringendo patti di riconciliazione con la Spagna.

Nel 1733, come già accaduto in Spagna, fu la volta della Polonia a dover fare i conti con la successione al trono di diversi pretendenti e far anche stavolta da detonatore ad una nuova guerra. L'occasione per uno scontro diretto fu offerta dalla morte, nel 1733, di Augusto II, elettore di Sassonia e re di Polonia, e dalla presenza di due candidati rivali alla successione: da una parte il figlio del re defunto, Augusto III, sostenuto dall'Austria e dalla Russia, e dall'altra il nobile polacco Stanislao Leszczyński, padre della moglie del re di Francia Luigi XV re di Francia.

Leszczyński rivendicò a sé il trono, e la maggioranza della nobiltà polacca, influenzata da Luigi XV, riuscì a farlo eleggere. In breve partì la risposta degli avversari della Francia con l'esercito austriaco che fece irruzione in Polonia obbligando Stanislao a fuggire.

Nel 1733 Luigi XV invia due armate una in Germania, l'altra in Italia, quest'ultimaa si riunisce all'esercito del re di Sardegna, Carlo Emanuele III di Savoia, passa il Ticino e prende la Ghiera d'Adda, Pizzighettone e il castello di Milano. L'anno successivo sempre in Italia i francesi colgono varie vittorie a Novara e Tortona cui segue la Battaglia di Parma (29 giugno), vinta dal maresciallo de Coigny sugli imperiali che perdono 9.000 uomini , coronata poi dalla vittoria di Guastalla(19 settembre).

I francesi non intervennero in Polonia, ma attaccarono sul fronte tedesco il ducato di Lorena, il cui duca, Francesco III, già promesso sposo di Maria Teresa d'Asburgo, figlia dell'imperatore del Sacro Romano Impero Carlo VI. Una volta sposati, la Lorena avrebbe rappresentato un pericolo per la Francia, in quanto avvicinava pericolosamente i confini austriaci al territorio francese. Così le truppe francesi dilagarono in Lorena e presero la capitale, Nancy.

I conflitti si conclusero nel 1738 con un bilancio positivo per la Francia di Luigi XV, che conquistava il ducato di Lorena. Il Trattato di Vienna pose definitivamente fine alle ostilità: a Stanislao venne concesso di regnare sulla Lorena, a titolo di indennizzo per la perdita del regno di Polonia, mentre l'Impero ottomano, tradizionale alleato della Francia contro gli Asburgo, aveva riottenuto il controllo di Belgrado.

La guerra di Successione austriaca 1740-1748

Ma i conflitti non dovevano terminare: nel 1740, alla morte dell'imperatore Carlo VI d'Austria, scoppiò una terza Guerra di successione, quella austriaca. La Francia quindi, schierata a fianco della Prussia, dichiarò guerra all'Austria di Maria Teresa cui si unirono Gran Bretagna ed Olanda. Il conflitto durò sette anni. All'inizio del conflitto Federico II di Prussia conquistò la regione della Slesia, appartenente ai territori asburgici. L'esercito francese inciampa in alcune sconfitte nella prima parte della guerra tuttavia nella seconda parte ottenne una serie di grandi vittorie a Fontenoy (1745), a Rocourt (1746) e a Lauffeld (1747). Quella di Fontenoy, ottenuta da Maurizio di Sassonia, è ancora oggi considerata una delle massime vittorie francesi contro la Gran Bretagna. Nel 1748, la Francia occupava tutta la parte meridionale delle Fiandre, una delle regioni più ricche d'Europa. Con il Trattato di Aquisgrana, che pose fine alla guerra, Luigi XV dovette tuttavia restituire questi territori agli Asburgo d'Austria.

La guerra dei sette anni 1756-1763

Nel 1756, alla notizia del Trattato di Westminster che univa Gran Bretagna e Prussia in un patto di non belligeranza, Luigi XV reagì firmando l'alleanza con l'Austria con il Trattato di Versailles: il rovesciamento delle alleanze era compiuto. La Francia abbandonava i vecchi alleati, Svezia, Polonia, Turchia e Stati germanici, per legarsi all'Austria di Maria Teresa d'Asburgo e alla Russia di Elisabetta Romanov.

Federico II di Prussia capì di essere rimasto isolato in Europa: la sua principale alleata la Gran Bretagna, era infatti impegnata sui mari mentre sul continente si andava formando una coalizione contro Berlino. Il re decise di giocare in anticipo e quindi di invadere la Sassonia, senza una regolare dichiarazione di guerra. Il regno sassone fu invaso nel 1756 e la famiglia reale trattata brutalmente, tanto che la regina Maria Giuseppina morì in seguito ai maltrattamenti prussiani. La Francia dichiarò immediatamente guerra alla Prussia ed occupò militarmente l'Hannover, terra natia del re di Gran Bretagna Giorgio II. Federico riesce però a battere il marchese di Soubise nella grande battaglia di Rossbach del 5 Novembre 1756, costringendo la Francia ad abbandonare l'Hannover. L'anno dopo i continui litigi tra gli ufficiali francesi e la cattiva organizzazione dell'esercito austriaco culminarono con una nuova pesante sconfitta a Leuthen , dove l'esercito imperiale subì numerose perdite e dove rifulse una volta di più la stella militare di Federico il grande. Nel 1759 la Francia va al contrattacco con la presa di Minden e Münster nel luglio di quell'anno, ma il primo agosto proprio a Minden sono nuovamente sconfitti dai prussiani. Mentre nelle Americhe il 13 settembre Il marchese di Montcalm è battuto dal generale inglese Wolff.

Nel 1760 i francesi hanno ripetuti rovesci sul mare e anche in altre colonie e in India. Nel 1763 veniva finalmente firmata la pace nel Trattato di Parigi con il quale si metteva fine alla Guerra dei sette anni che di fatto ebbe un solo vero vincitore, la Gran Bretagna che riuscì ad estromettere completamente la Francia dall'America settentrionale, sottraendole interamente il Canada. La Francia dovette cedere anche molte colonie in Africa e India, dalla Spagna l'Inghilterra ottenne la Florida. La Prussia riuscì a salvare sé stessa e a Federico II era riuscito mantenere anche il possesso della Slesia, ma grazie a ciò la Prussia si impose come potenza di fatto. Altra grande sconfitta fu l'Imperatrice Maria Teresa dìAustria che, dopo ben sette anni di guerre che avevano scosso le finanze di uno stato ben solido come il suo, dovette rassegnarsi alla definitiva perdita della Slesia, orientando così la politica espansionistica dell'Austria verso altri territori come la Baviera ed i Balcani.

L'alleanza tra la Francia e l'Austria venne comunque mantenuta e ulteriormente rafforzata ed ebbe il suo zenit nel matrimonio, celebrato nel 1770, tra l'arciduchessa Maria Antonietta, figlia di Maria Teresa, con il Delfino di Francia

▲ *French soldiers 1690 about.*

che sarebbe diventato Re con il nome di Luigi XVI.

Questa alleanza costituì uno dei capisaldi della politica asburgica, che consentì un ventennio di pace in tutta l'Europa occidentale.

Il re Luigi XV si spense di vaiolo nei suoi appartamenti di Versailles il giorno 10 maggio 1774. Dopo cinquantanove lunghi anni di regno, fu tumulato nella basilica di Saint-Denis, assieme ai corpi dei suoi antenati.

Luigi XVI 1754 –1793

Ereditava il trono suo nipote Luigi Augusto, nominato Luigi XVI, che avrebbe regnato sino al 1793, anno della sua decapitazione nei foschi anni della rivoluzione francese.

Inizialmente amato dal popolo che vedeva in lui la speranza per un futuro migliore, per quasi tutta la durata del suo regno cercò di tener fronte alla crisi economica ereditata dal governo precedente e che venne aggravata dalla dispendiosa guerra in America.

Le guerre di fine secolo in America, Asia Africa ed Europa

Nell'estate del 1776, giunse anche in Francia la notizia della proclamazione di indipendenza delle colonie americane dall'Inghilterra. Luigi XVI decise di intervenire in questa guerra a favore dei coloni americani a discapito della nemica Inghilterra. L'obbiettivo ultimo della Francia era riuscire a riottenere le colonie che aveva perso alla fine della guerra dei sette anni.

Nel frattempo la Francia aveva riportato numerose vittorie fra le quali quella decisiva al largo delle isole Oussant, il 27 luglio 1778. Nel 1779, i francesi riuscirono anche a riconquistare il Senegal, ma subirono varie rovesci sul mare nonostante l'alleanza con la flotta spagnola.

La Francia invio quindi in America numerose truppe, in aiuto al generale Washington. Nel 1781 gli alleati brillarono nell'assedio di Yorktown.

Lo stesso anno la flotta franco-spagnola conquistò Minorca dopo aver sconfitto la flotta inglese. Nel 1782 alcune divergenze politiche seguite alla repressione di Ginevra portarono all'allontanamento degli americani dalla Francia che portò ad una pace separata di questi con gli inglesi. Tuttavia, almeno in parte la crisi rientro e nel gennaio del 1783 si giunse ai tavoli di pace a Versailles

Dalla ratifica degli accordi la Francia ottenne il Senegal, alcune isole caraibiche, scali commerciali in India e Dunkerque, ma perse una montagna di denaro che andava a rendere molto instabile un paese che di li a poco avrebbe partorito la più famosa rivoluzione della storia, quella francese !

Nei primi mesi del 1778 scoppiò la guerra di successione bavarese a causa di alcuni presunti diritti dell'imperatore Giuseppe II, fratello di Maria Antonietta, di insediarsi sul trono della Bassa Baviera. Maria Antonietta, fece pressione sul marito per l'alleanza con l'Austria ma Luigi XVI e i ministri si opposero, preferendo fare da pacieri fra i contendenti, chiedendo a Giuseppe II di rinunciare al trono bavarese e ottenendo la pace firmata a Teschen, il 13 maggio 1779.

Successivi tentativi de destabilizzazione portati avanti dall'Austria contro l'impero ottomano prima e l'olanda dopo non trovarono il consenso della Francia che in questi ultimi sprazzi del regno di Luigi XVI operò parecchio per la pace europea.

Gli eserciti europei della prima parte del XVIII secolo

L'adozione della baionetta a ghiera, avvenuta nei primi anni del 1700, cosi chiamata perché inventata negli arsenali di Bayonne, una città del sud ovest della Francia consente alla fanteria una maggior versatilità d'impiego, specialmente in presenza di moschetti ancora poco precisi e con cadenza di tiro poco elevata. La baionetta permette anche di rinunciare alle massicce formazioni di picchieri (ne rimane un ricordo negli spuntoni e nelle alabarde dei sergenti e degli ufficiali inferiori), la fanteria può, in caso di attacco della cavalleria, assumere ora sia la formazione chiusa dei picchieri sia quella di moschettieri. Nel giro di pochi anni, la fanteria diventa l'elemento cardine degli eserciti obbligando le altre armi, in primis la cavalleria ad adeguarsi, e l'artiglieria a rendersi sempre più mobile. Tutto ciò, essenzialmente per la necessità di disporre d'una fanteria altamente addestrata, porta all'esercito d'elite, a ferma lunga (anche cinque e più anni come minimo) e chiaramente molto costoso perché composto da professionisti. Di conseguenza, gli stati sono obbligati a predisporre moderni sistemi di approvvigionamento ubicati in piazze-forti strategicamente dislocate. Operazioni di largo movimento come quelle condotte da Marlborough o Eugenio di Savoia (basti pensare alla campagna di Blenheim del 1704) non sono più possibili.

E' necessario destreggiarsi tra una fitta rete di piazzeforti, avendo la massima cura del potenziale umano. Solo con Napoleone si tornerà alle operazioni di largo respiro veloci.

La nuova concessione del guerreggiare si basa pertanto nel tagliar fuori l'avversario dalle sue basi di rifornimento, senza nel contempo perder contatto con le proprie; l'opposto, quindi, della concezione di ricercare lo scontro risolutore al termine d'una manovra strategica ad ampio respiro, come appunto nel caso di un Marlborough o di un Napoleone appunto.

La guerra dei secoli dei lumi finisce per essere più civile e matura che non consente inutili distruzioni e stragi. La famosa frase pronunciata da Luigi XV alla vigilia della battaglia di Fontenoy: "Il sangue dei nostri nemici è comunque sangue umano, nostra gloria è risparmiarlo" va appunto letta in questa chiave.

Le guerre che la Francia affronta nel 700 sebbene mascherate da pretesti dinastici, sono quasi sempre chiaramente espansionistiche. La nazione che più di tutte si oppone alle mire egemoniche francesi è essenzialmente la Gran Bretagna che, a sua volta, si appoggia sempre a una nazione europea (l'Olanda, La Prussia, l'Austria ecc.) . Ma la potenza inglese è soprattutto sui mari dove sviluppa una assoluta padronanza per tutto il secolo e anche per quello a venire. La Francia è senza dubbio la prima nazione europea e, contrariamente a quanto è avvenuto sotto il regno di Luigi XIV, combatte quasi esclusivamente su territorio altrui. In un tipo di guerra sempre più di dimensioni mondiali. La guerra di Successione Spagnola prima e quella Polacca poi sono ancora caratterizzate in parte dal sistema bellico tardo secentesco (la fanteria non è ancora consapevole delle proprie possibilità, l'artiglieria è poco mobile); dalla guerra di Successione Austriaca,in poi l'ammodernamento portato avanti soprattutto dalla Prussia federiciana, rappresenta il punto di svolta della guerra moderna, che verrà ancora più esaltata nella guerra dei sette anni. Alla baionetta si aggiunge una nuova innovazione, stavolta prussiana che per prima adotta la bacchetta in ferro per il caricamento del fucile.

Grazie a ciò la Prussia primeggia per alcuni anni, tuttavia la Francia sarà la prima a reagire, mostrando di aver imparato la lezione nella grandissima vittoria di Fontenoy del 1745.

La fanteria è ormai definitivamente la regina delle battaglie, in quanto sono i suoi movimenti che decidono la battaglia. A Fontenoy, per quanto la colonna anglo-olandese venga dispersa dalla carica della Maison du Roi, è la Linea dei fortini predisposta da Maurizio di Sassonia che smorza l'impeto del nemico che, inchiodato sulle posizioni dal fuoco dell'artiglieria e della fanteria francese, non regge alla carica finale della cavalleria.

Tuttavia le differenze tra l'esercito prussiano e gli altri eserciti appaiono sempre molto distinte. L'esercito prussiano, superbamente addestrato, riesce a muoversi sul campo di battaglia, cambiare fronte a stabilirlo a 90 gradi rispetto alla direzione di marcia; gli altri eserciti vi riescono con molta maggiore difficoltà oppure non vi riescono affatto. Alla battaglia di Rossbach del 1756 l'esercito francese guidato dal generale Soubise è battuto dai Prussiani perché, attaccato sul fianco della lunga colonna. Così anche a Leuthen gli Austriaci incontrano molte difficoltà nel cambiar fronte durante la battaglia e sono battuti.

Gli inconvenienti che gli altri eserciti, rispetto a quello prussiano, incontrano sono spesso dovuti all'ancoramento a vecchi tradizioni ormai inutili quali la posizione inamovibile che andava preso con postazioni fisse sul terreno (scavi, trinceramenti, cavalli di Frisia, ecc). Federico intuisce brillantemente che è il movimento la vera chiave del successo sul campo di battaglia.

Gli eserciti europei durante la guerra dei sette anni

L'esercito prussiano è la vera rivelazione del momento; ha una buona cavalleria, superata solo da quella austriaca e una fanteria che senza dubbio è la migliore del mondo. Anche l'artiglieria è efficiente, moderna e soprattutto in grado di spostarsi velocemente sul campo di battaglia (sono i Prussiani i primi ad applicare l'artiglieria a cavallo). Ma il vero punto di forza è un efficiente stato maggiore e generali di prim'ordine a cominciare dal re. La piazza d'onore spetta all'esercito austriaco che è l'unico a possedere caratteristiche tali da potersi validamente opporre alle armate federiciane.

L'esercito austriaco ha una fanteria non troppo abile a muoversi sul campo di battaglia e un'artiglieria lenta perché ancora ancorata agli schemi dei primi del settecento. Ma dispone, come detto della migliore cavalleria in assoluto, in questo periodo, la prima d'Europa. Quello che invece non funziona è la conduzione della guerra, che Vienna che pretende di dirigere dai palazzi sul Ring. L'esercito austriaco è cosi in grado di operare positivamente soltanto quando si trova sotto il comando di un capo che operi volente o nolente in piena autonomia come nel caso del principe Eugenio di Savoia.

Secondo ex - equo è l'esercito francese che, accanto ad armate di seconda categoria come quella del Soubise, può ancora allineare forze di buona capacità e soprattutto poter contare su numeri ed economia da prima potenza mondiale. Seguono poi gli eserciti russo, inglese, spagnolo o piemontese che però, senza con questo volerli denigrare, sono eserciti che spesso hanno un comportamento discontinuo.

L'esercito francese dopo la guerra di successione spagnola

Alla morte del re Sole l'esercito francese conta 120 reggimenti di cavalleria e 250 reggimenti di fanteria per un totale di 400.000 uomini di cui 35.000 di cavalleria. Un esercito enorme quindi che meglio esprime cosa intendevamo dire quando parlavamo di numeri e tesoro nazionale.

Sotto Luigi XV si procede ad un suo ridimensionamento, compensato però da un deciso ammodernamento Nel 1741, durante la guerra di Successione austriaca l'esercito francese conta 215.000 uomini circa uomini così ripartiti:
8.500 uomini della Maison du Roi (sorta di vera guardia reale);
80.000 uomini di fanteria francese su 99 reggimenti; 30.000 uomini di fanteria straniera (soprattutto svizzera) su 17 reggimenti; 22 000 uomini di cavalleria su 57 reggimenti .
5000 uomini impiegati nell'artiglieria. 50.000 uomini fra milizia invalidi e gendarmeria ed infine
25.000 uomini impiegate nella flotta.

Le truppe di campagna, quelle operative buone per le battaglie però, non superano i 160.000 uomini. La Maison du Roi, vera riserva dell'esercito, è formata, come fanteria, da un reggimento di Guardie a piedi e da un reggimento di Guardie svizzere e, come cavalleria, da Guardie del Corpo, da Cavalleggeri, da Moschettieri e da Granatieri a cavallo. Tuttavia gli effettivi dell'armata, in caso di guerra aumentano rapidamente (nei 1744, gli uomini in servizio sono 500.000 di cui 218.000 schierati su tutte le frontiere) ed anche la milizia è chiamata a compiti di prima linea.

Il reclutamento degli ufficiali, in maggioranza nobili, avviene in primis attraverso la Maison du Roi, con la Scuola Reale Militare. I corpi leggeri, creati per la prima volta durante la guerra di Successione d'Austria, hanno moderni fucili rigati. Tra questi corpi ricordiamo quello degli Chasseurs de Fischer e quello dei cacciatori della Morliere.

Nel 1746 anche in Francia finalmente si adotta, sull'esempio prussiano, la bacchetta in ferro; nelle compagnie di fanteria, un soldato su quattro porta uno strumento da zappatore, vera anticipazione del genio militare seppur ancora in embrione.

Fino al 1732, l'artiglieria è ancora quella organizzata dal grande Vauban; da quell'anno vengono codificati i calibri rendendo il tutto più razionale e pratico.

La milizia è reclutata solo in caso di bisogno, a servire per un triennio, godono dell'esenzione dalle imposte e, soprattutto, sono destinati, ordinati per reggimenti e battaglioni, alla sorveglianza delle coste e delle piazzeforti. Generalmente si tratta di soldati mediocri dai quali però, con una migliore organizzazione, si potrebbe ottenere di più

La Tattica militare del 700

Chiave di volta di un cambio di tattica si ha nel corso della guerra di Successione Polacca, (quella di successione spagnola è ancora in buona parte una guerra del seicento), la tattica di combattimento è già passata dalle compatte formazioni dell'epoca del barocco a un modo d'impiego delle truppe più leggero e quindi moderno. Non si può ancora parlare di "linea", ma soltanto d'una maggiore estensione in larghezza e d'una presa di distanza in profondità, in quanto la formazione, per quel che riguarda la sua compattezza, rimane intatta. La tattica lineare non ha ancora preso il sopravvento sulla colonna, ma la questione è ormai posta.

Cominciano a intravvedersi i vantaggi dell'effetto del fuoco, pur tuttavia ancora in presenza di una precisione lacunosa, le file dei battaglioni, sia a piedi che in ginocchio, mantengono un'alta cadenza di fuoco, sia a salva che a colpo singolo, grazie a più progredite armi, fino al momento di lanciarsi nell'attacco alla baionetta erede della gloriosa ma antiquata picca..

La cavalleria si può dire abbia completamente rinunciato all'uso della pistola e della tattica detta a caracollo che gli consentiva di scaricare colpi sulle lontane formazioni di picchieri senza subire danni. Ora è costretta a caricare a fondo con ritmo sostenuto; l'uso che Carlo XII di Svezia fa dei propri cavalieri è un tipico esempio del rinnovamento di questa specialità. L'artiglieria, infine, si limita a schierarsi in linea accanto ai battaglioni di fanteria.

In questo contesto permanente, il soldato vive la propria giornata all'interno di questo organismo, con i suoi quotidiani problemi e la sua famiglia. Quest'evoluzione, è dovuta principalmente alla piccola Prussia che per prima mette il suo esercito su una base veramente militare-nazionale.

L'esercito e il paese, quindi, sono un tutt'uno politico e il principe non può più usare l'esercito come strumento personale, ma solo come mezzo per il raggiungimento di fini politico-nazionali. La guerra, pertanto, deve avere un fondamento giuridico e lo stato di pace e quello di guerra sono nettamente separati.

Henri Felix Emmanuel Philippoteaux (1815-1884)

Si combatte a Waterloo e Felix Philippoteaux nasce a Parigi . fa i primi studi sotto Léon Cogniet e si esibisce per la prima volta al Salon nel 1833 a soli 18 anni.

Uno dei suoi lavori più noti è il famoso ciclo-rama, una sorta di murales disposto su 360 gradi dedicato alla guerra franco prussiana durante la Guerra Franco-prussiana,

Philippoteaux è altresì noto per aver prodotto un enorme numero di tavole ed incisioni dedicate all'esercito francese e alla sua storia. Il figlio Paul seguirà le ombre paterne realizzando su commissione il celebre ciclo-rama della Battaglia che Gettysburg. Philippoteaux ricevette nel 1846 la Legione di onore per meriti artistici. Muore nel 1884.

Atlas de l'Histoire de l'ancienne infanterie française

La gran parte delle tavole pubblicate sul nostro volume deriva da una nostra copia dell'atlante dedicato alle fanterie francesi del settecento (ma vi sono parecchi tavole dedicate al 600 ed alcune ai secoli precedenti) è un poderoso lavoro del Philippoteaux basato su ben 152 tavole di ottima qualità pittorica caratterizzate da colori vivi. Stampato a Parigi presso l'editore J. Corréard nel 1853. E' un libro che è stato stampato in un buon numero di coppie e rintracciabile con non troppa difficoltà ancor poggi presso librerie antiquarie o specializzate.

In appendice abbiamo voluto inserire 12 tavole sempre del Philippoteaux non presenti nell'Atlas e sempre dedicate alle fanterie francesi del 700 realizzate per altri lavori dall'artista francese e di cui Soldiershop possiede copia delle stampe. In più in allegato al testo vi sono tavole ricavate dall'enciclopedie francese di Fortunato Bartolomeo De Felice dedicate all'arte della guerra. Tutte le tavole a colori sono state da noi ampiamente restaurate e ravvivate dai nostri grafici.

THE COLOUR PLATES

PLATES LIST OF ILLUSTRATIONS

1 Men-at-arms of the later period.

2 communal militias under Philippe-Auguste.

3 Archers francs under Louis XI

4 Adventurers under Charles VIII. Lanzichenecchi under Louis XII

6 Flag and legionnaire under François 1

7 An Officer and a drum under Charles IX.

8 pikemen and musketeers under Henri IV

9 Official Musketeer and under Louis XIII.

10 Grenadiers under Louis XIV.

11 Mountain Archibugieri in 1715,

12 Fischer Hunter and Grenadier de France under Louis XV.

13 provincial troops and light troops in 1785.

14 Troops of the line and national Volunteers in 1791.

15 Gardes Françaises. Musketeer in 1610. 1580 Flag.

16 Gardes Françaises. Officer and soldier in 1672.

17 Gardes Françaises. Official in 1700. Rifleman in 1745.

18 Gardes Françaises. Rifleman in 1763. Grenadier in 1789.

19 Gardes Suisses. Rifleman in 1660. Flag of 1616

20 Gardes Suisses. Sergeant in 1750. Rifleman in 1790, Official nel1710.

21 Picardie. Rifleman in 1680. Flag of 1600.

22 Picardie.Soldato in 1710 Soldier in 1717.

23 Picardie. Colonel-General. Official in 1789. Picardie. Grenadier in 1789.

24 Piémont. Flag of 1580. Sergeant in 1680.

25 Piémont.Ufficiale in 1715. Soldier in 1760.

26 Piémont. Grenadier in 1789- Provence. Grenadier and Flag of 1789.

27 Navarre. Soldier in 1573. Flag of 1675

28 Navarre. Drum soldier in 1720.

29 Navarre. Grenadier in 1789. Armagnac. Fusilier in 1789.

30 Champagne. Flag of 1600. Sergeant in 1675

31 Champagne. Official in 1710. Soldier in 1740.

32 Champagne. Official in 1789. Austrasia. Grenadier and pennant in 1789.

33 Normandie. Soldier in 1745. Flag of 1616.

34 Neustria. Porta pennant in 1789. Normandie. Rifleman en 1789.

35 La Marine. Flag of 1635 Soldier in 1720.

36 La Marine. Official in 1789. Auxerrois. Porta pennant and Grenadier in 1789.

37 Bourbonnais. Flag of 1600. Soldier in 1730.

38 Bourbonnais. Grenadier in 1689. forez Porta pennant in 1789.

39 Béarn. Soldier in 1720. Flag of 1610.

40 Béarn. Sergeant in 1789. Agénois. Grenadier and pennant in 1789.

41 Auvergne. Flag of 1600. Soldier in 1730.

42 Auvergne. Drum in 1789. Royal-Auvergne. Hunter and pennant in 1789.

43 Flanders. Sergeant and pennant in 1680. Rifleman in 1750.

44 Flanders. Grenadier in 1789. Cambrésis. Sergeant and pennant in 1789

45 Guyenne. Flag of 1700. Grenadier in 1776.

46 Viennois. Rifleman in 1789. Guyenne. Grenadier in 1789.

47 Régiment du roi. Flag of 1670. Anspessade in 1720.

48 Régiment du roi. Porta pennant in 1776 .Granatiere in 1789.

49 Royal. Flag of 1700. Soldier in 1745

50 Brie. Fusilier in the real 1789. Official in 1789.

51 Poitou. Soldier in 1730. 1690 Flag.

52 Poitou, grenadier in 1789. Bresse. Grenadier in 1789.

53 Lyonnais. Flag of 1710, Soldier in 1750.

54 Lyonnais. Grenadier in 1789. Maine. Grenadier and pennant in 1789.

55 Dauphin. Sergeant in 1750. Flag of 1700.

56 Dauphin. Rifleman in 1789. Why. Porta pennant in 1789.

57 Aunis. Flag of 1710. Soldier in 1765.

58 Bassigny. Porta pennant in 1789. Aunis. Grenadier in 1789

59 Touraine. Flag of 1650. Soldier in 1750.

60 Touraine. Drum in 1789. Augoulème. Sergeant and pennant in 1789.

61 Aquitaine. Hunter in 1776. 1720 Flag.

62 Anjou. Porta pennant in 1789. Aquitaine Grenadier in 1789.

63 Maréchal de Turenne. Official flag of 1715. in 1789.

64 Dauphiné. Flag of 1680. Soldier carpenter in 1789.

65 Isle-de-France. Flag of 1685. Drum-major in 1789.

66 Soissonnais. Flag of 1690. Musician in 1789.

67 La Reine. 1695. Colonel of the flag in 1789.

68 Limousin. Flag in 1700. Lieutenant-Colonel in 1789.

69 Royal-Vaisseaux. Flag in 1705. Major in 1789.

70 Orléans. Flag of 1710. Drum in 1789.

71 La Couronne. Flag of 1715. Captain in 1789.

72 Bretagne. Flag in 1715. Flag-Colonel in 1750. Grenadier in 1789.

73 Lorraine. Sergeant and pennant in 1715. Garde-Lorraine in 1750. Porta pennant in 1789.

74 Artois. Sergeant - major in 1789. Flag of 1715

75 Vintimille. Soldier and pennant in 1715. Fourrier in 1789.

76 Hainaut. Flag of 1720. Sergeant in 1789.

77 La Sarre. Flag of 1720. Corporal in 1789

78 La Fere. Flag of 1720. Rifleman in 1789.

79 Alsace. Flag of 1720. Lieutenant in 1789.

80 Royal-Roussillon. Soldier pinned in 1789. Flag of 1720

81 Condé. Flag of 1725. Soldier gentilhomme in 1789.

1 Men-at-arms of the later period.

2 communal militias under Philippe-Auguste.

CARBONNEAU.SC   F.PHILIPPOTEUX

H DE LAVILLE

3 Archers francs under Louis XI

4 Adventurers under Charles VIII.

5. *Lanzichenecchi under Louis XII*

6 Flag and legionnaire under François 1

7 An Officer and a drum under Charles IX.

8 pikemen and musketeers under Henri IV

9 Official Musketeer and under Louis XIII.

10 Grenadiers under Louis XIV.

11 Mountain Archibugieri in 1715,

12 Fischer Chasseur and Grenadier de France under Louis XV.

13 *provincial troops and light troops in 1785.*

14 Troops of the line and national Volunteers in 1791.

15-Gardes Françaises. Musketeer in 1610. 1580 Flag.

16-Gardes Françaises. Officer and soldier in 1672.

17-Gardes Françaises. Official in 1700. Rifleman in 1745.

18-Gardes Françaises. Rifleman in 1763. Grenadier in 1789.

C. JARDIN.

19 Gardes Suisses. Rifleman in 1660. Flag of 1616

PÉGARD. SC.

20 Gardes Suisses. Sergeant in 1750. Rifleman in 1790, Official nel1710.

21 Picardie. Rifleman in 1680. Flag of 1600.

22 Picardie.Soldato in 1710 Soldier in 1717.

23 Picardie. Colonel-General. Official in 1789. Picardie. Grenadier in 1789.

24 Piémont. Flag of 1580. Sergeant in 1680.

25 Piémont.Ufficiale in 1715. Soldier in 1760.

PEGARD

26 Piémont. Grenadier in 1789- Provence. Grenadier and Flag of 1789.

27 Navarre. Soldier in 1573. Flag of 1675

28 Navarre. Drummer and soldier in 1720.

29 Navarre. Grenadier in 1789. Armagnac. Fusilier in 1789.

30 Champagne. Flag of 1600. Sergeant in 1675

31 Champagne. Official in 1710. Soldier in 1740.

32 Champagne. Official in 1789. Austrasia. Grenadier and pennant in 1789.

33 Normandie. Soldier in 1745. Flag of 1616.

34 *Neustria. Porta pennant in 1789. Normandie. Rifleman in 1789.*

35 La Marine. Flag of 1635 Soldier in 1720.

36 *La Marine. Official in 1789. Auxerrois. Porta pennant and Grenadier in 1789.*

37 Bourbonnais. Flag of 1600. Soldier in 1730.

38 Bourbonnais. Grenadier in 1689. Officer Porta pennant in 1789.

39 Béarn. Soldier in 1720. Flag of 1610.

40 Béarn. Sergeant in 1789. Agénois. Grenadier and pennant in 1789.

41 Auvergne. Flag of 1600. Soldier in 1730.

42 Auvergne. Drum in 1789. Royal-Auvergne. Chasseur and pennant in 1789.

43 Flanders. Sergeant and pennant in 1680. Rifleman in 1750.

44 Flanders. Grenadier in 1789. Cambrésis. Sergeant and pennant in 1789

45 Guyenne. Flag of 1700. Grenadier in 1776.

46 Viennois. Rifleman in 1789. Guyenne. Grenadier in 1789.

47 Régiment du roi. Flag of 1670. Anspessade in 1720.

48 Régiment du roi. Porta pennant in 1776 .Granatiere in 1789.

49 Royal. Flag of 1700. Soldier in 1745

50 Brie. Fusilier 1789. Royal regiment Officier in 1789.

51 Poitou. Soldier in 1730. 1690 Flag.

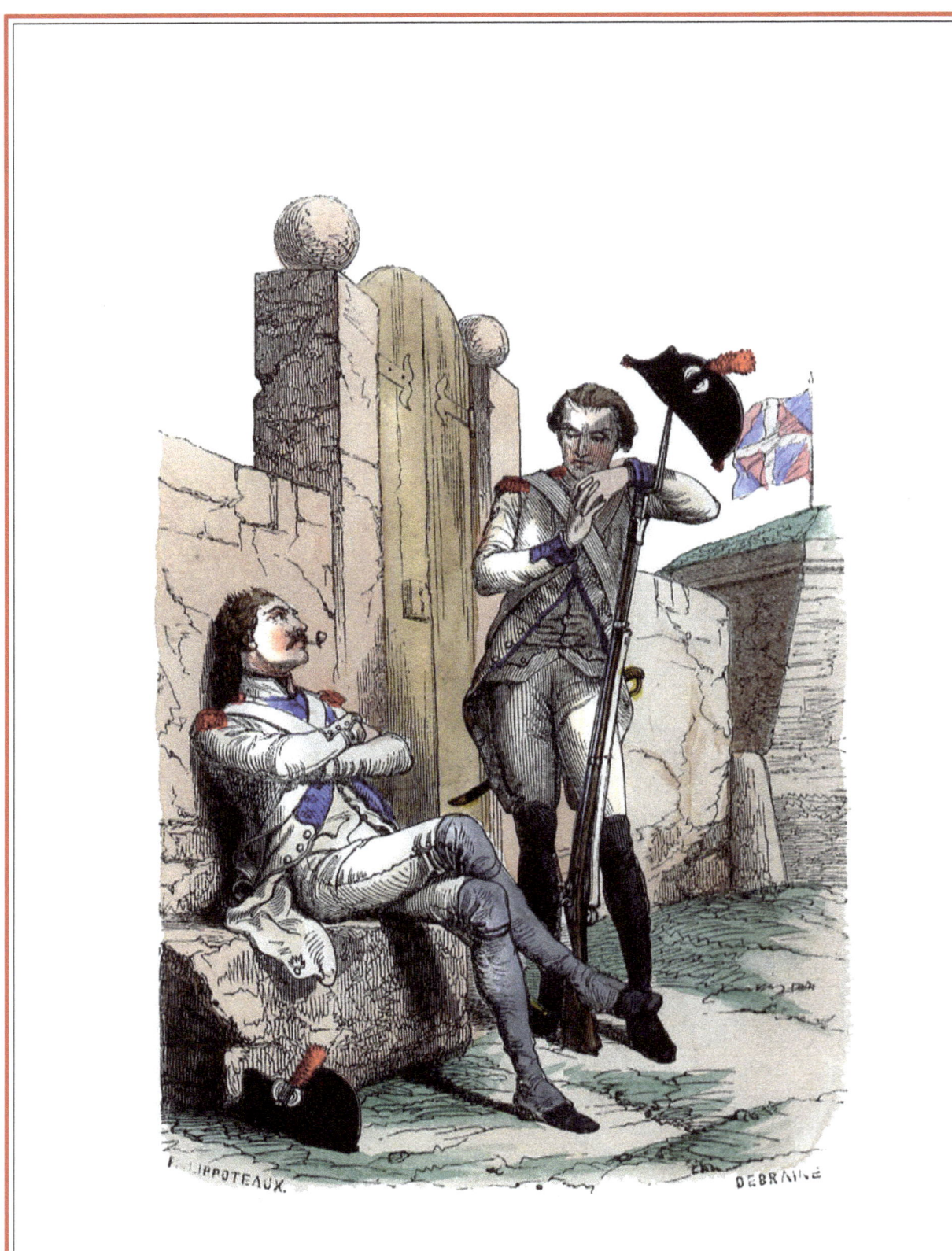

52 Poitou, grenadier in 1789. Bresse. Grenadier in 1789.

53 Lyonnais. Flag of 1710, Soldier in 1750.

54 Lyonnais. Grenadier in 1789. Maine. Grenadier and pennant in 1789.

55 Dauphin. Sergeant in 1750. Flag of 1700.

56 Dauphin. Rifleman in 1789. Why. Porta pennant in 1789.

57 Aunis. Flag of 1710. Soldier in 1765.

58 Bassigny. Porta pennant in 1789. Aunis. Grenadier in 1789

59 Touraine. Flag of 1650. Soldier in 1750.

60 *Touraine. Drum in 1789. Augoulême. Sergeant and pennant in 1789.*

61 Aquitaine. Chasseur in 1776. 1720 Flag.

62 Anjou. Porta pennant in 1789. Aquitaine Grenadier in 1789.

63 Maréchal de Turenne. Official flag of 1715. in 1789.

64 Dauphiné. Flag of 1680. Soldier carpenter in 1789.

65 Isle-de-France. Flag of 1685. Drum-major in 1789.

66 Soissonnais. Flag of 1690. Musician in 1789.

67 La Reine. 1695. Colonel of the flag in 1789.

68 Limousin. Flag in 1700. Lieutenant-Colonel in 1789.

69 Royal-Vaisseaux. Flag in 1705. Major in 1789.

70 Orléans. Flag of 1710. Drum in 1789.

71 *La Couronne. Flag of 1715. Captain in 1789.*

72 Bretagne. Flag in 1715. Flag-Colonel in 1750. Grenadier in 1789.

73 Lorraine. Sergeant and pennant in 1715. Garde-Lorraine in 1750. Porta pennant in 1789.

74 Artois. Sergeant - major in 1789. Flag of 1715

75 Vintimille. Soldier and pennant in 1715. Fourrier in 1789.

76 Hainaut. Flag of 1720. Sergeant in 1789.

77 La Sarre. Flag of 1720. Corporal in 1789

78 La Fere. Flag of 1720. Rifleman in 1789.

79 Alsace. Flag of 1720. Lieutenant in 1789.

80 Royal-Roussillon. Soldier pinned in 1789. Flag of 1720

81 Condé. Flag of 1725. Soldier gentilhomme in 1789.

SOLDIERS, WEAPONS & UNIFORMS ALREADY PUBLISHED
(SOME TITLES)

IMPERIAL SOLDIERS & UNIFORMS 1640-1860
IN THE ART OF FRANZ GERASCH
LUCA S.CRISTINI
Plates by FRANZ GERASCH
SWU-GEN-001

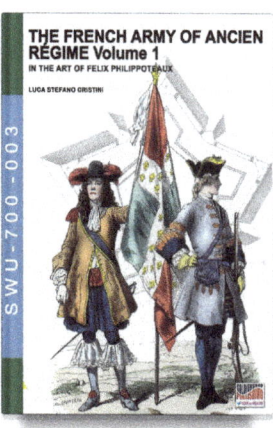

THE FRENCH ARMY OF ANCIEN RÉGIME Volume 1
IN THE ART OF FELIX PHILIPPOTEAUX
LUCA STEFANO CRISTINI
SWU-700-003

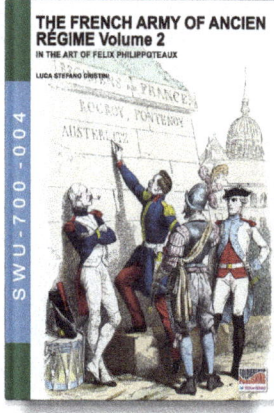

THE FRENCH ARMY OF ANCIEN RÉGIME Volume 2
IN THE ART OF FELIX PHILIPPOTEAUX
LUCA STEFANO CRISTINI
SWU-700-004

UNIFORMS OF RUSSIAN ARMY IN THE XVIII CENTURY VOL. 1
UNDER THE REIGN OF CATHERINE II EMPRESS OF RUSSIA BETWEEN 1762 AND 1796
LUCA STEFANO CRISTINI
SWU-700-005

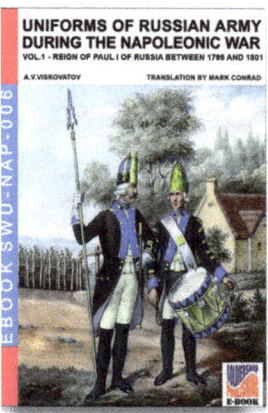

UNIFORMS OF RUSSIAN ARMY DURING THE NAPOLEONIC WAR
VOL.1 - REIGN OF PAUL I OF RUSSIA BETWEEN 1796 AND 1801
A.V.VISKOVATOV
TRANSLATION BY MARK CONRAD
EBOOK SWU-NAP-006

UNIFORMS OF RUSSIAN ARMY DURING THE NAPOLEONIC WAR
VOL.2 - REIGN OF PAUL I OF RUSSIA BETWEEN 1796 AND 1801
A.V.VISKOVATOV
TRANSLATION BY MARK CONRAD
EBOOK SWU-NAP-007

UNIFORMS OF RUSSIAN ARMY DURING THE NAPOLEONIC WAR
VOL.3 - REIGN OF PAUL I 1796 AND 1801 - THE CAVALRY
A.V.VISKOVATOV
TRANSLATION BY MARK CONRAD
EBOOK SWU-NAP-008

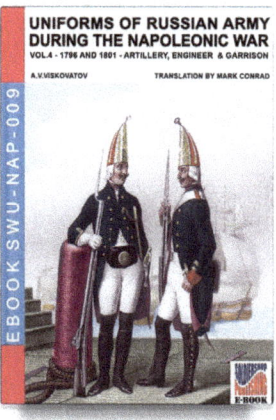

UNIFORMS OF RUSSIAN ARMY DURING THE NAPOLEONIC WAR
VOL.4 - 1796 AND 1801 - ARTILLERY, ENGINEER & GARRISON
A.V.VISKOVATOV
TRANSLATION BY MARK CONRAD
EBOOK SWU-NAP-009

UNIFORMS OF RUSSIAN ARMY DURING THE NAPOLEONIC WAR
VOL.5 - REIGN OF PAUL I 1796 AND 1801 - THE GUARDS 1
A.V.VISKOVATOV
TRANSLATION BY MARK CONRAD
EBOOK SWU-NAP-010

UNIFORMS OF RUSSIAN ARMY DURING THE NAPOLEONIC WAR
VOL.6 - REIGN OF PAUL I 1796 AND 1801 - THE GUARDS 2
A.V.VISKOVATOV
TRANSLATION BY MARK CONRAD
EBOOK SWU-NAP-011

UNIFORMS OF RUSSIAN ARMY DURING THE NAPOLEONIC WAR
VOL.7 - REIGN OF PAUL I 1796 AND 1801 - FLAGS & STANDARDS
A.V.VISKOVATOV
TRANSLATION BY MARK CONRAD
EBOOK SWU-NAP-012

UNIFORMS OF RUSSIAN ARMY DURING THE NAPOLEONIC WAR
VOL.8 - REIGN OF ALEXANDER I 1801-1825 - THE GRENADIERS
A.V.VISKOVATOV
TRANSLATION BY MARK CONRAD
EBOOK SWU-NAP-013

www.ingramcontent.com/pod-product-compliance
Lightning Source LLC
Chambersburg PA
CBHW041146120626
46547CB00020B/3127